Grundriß
des
gesamten deutschen Rechtes
in Einzelausgaben
von
Paul Posener.

5. Band.

Bürgerliches Recht
(Erbrecht).

Dritte und vierte Auflage.

Berlin 1909.
J. Guttentag, Verlagsbuchhandlung,
G. m. b. H.

A. W. Hayn's Erben, Potsdam.

Inhaltsverzeichnis.

Abkürzungen.

A = Anfechtungsgesetz.
Abs = Absatz.
ALR = allgemeines Landrecht (Preußen).
Ausf- = Ausführungsgesetz zu . . . . .
B = Bürgerliches Gesetzbuch.
Bn = Binnenschiffahrtsgesetz.
Band = Band des Grundrisses.
C = Strafprozeßordnung.
Cod = Codex.
D = Digesten.
E = Eisenbahnverkehrsordnung.
Einf- = Einführungsgesetz zu . . . . .
F = Reichsgesetz über freiwillige Gerichtsbarkeit.
Fl = Flößereigesetz.
G = Gerichtsverfassungsgesetz.
Gb = Ges. betr. die Gesellschaften mit beschränkter Haftung.
Gn = Genossenschaftsgesetz.
Gr = Grundbuchordnung.
Gw = Gewerbeordnung.
H = Handelsgesetzbuch.
J = Institutionen.
JRA = Jüngster Reichsabschied.
K = Konkursordnung.
KG = Entsch. des Kammergerichtes.
MC = Militärstrafgerichtsordnung.
MS = Militärstrafgesetzbuch.
Nr. = Nummer.
P = Patentgesetz.
Po = Postgesetz.
pr = preußisch.
R = Reichsverfassung.
RG = Entscheidungen des Reichsgerichtes.
RMG = Entscheidungen des Reichsmilitärgerichtes.
ROLG = Rechtsprechung der Oberlandesgerichte.
S = Strafgesetzbuch.
SC = senatus consultum.

sc. = saeculum.
Ssp = Sachsenspiegel.
Swsp = Schwabenspiegel.
U = Urheberrechtsgesetz.
V = Verfassung.
Vl = Verlagsgesetz.
Vv = Versicherungsvertragsgesetz.
vgl. = vergleiche.
W = Wechselordnung.
w. o. = weiter oben.
w. u. = weiter unten.
Z = Zivilprozeßordnung.
Zg = Zwangsversteigerungsgesetz.

Anfragen und Berichtigungen werden an die Adresse der Verlagsbuchhandlung oder direkt an den Verfasser Assessor Dr. iur. Paul Posener in Charlottenburg 2, Bleibtreustraße 18, erbeten.

§ 1. Erbrecht im objektiven Sinne ist die Gesamtheit der Normen, welche die Nachfolge des Lebenden in die Rechte eines Toten regeln.

Erbrecht im subjektiven Sinne ist die Berechtigung des einzelnen an einer bestimmten Erbschaft.

I. Beteiligte Personen sind:

1. der Erblasser, nach dessen Tode eine Erbfolge eintritt;

2. der Erbe, der an die Stelle des Erblassers tritt;

3. ein Ersatzerbe (substitutus), der an die Stelle eines weggefallenen eingesetzten Erben (institutus) treten soll;

4. ein Nacherbe (heres fideicommissarius), der einem bereits geerbt habenden Vorerben (heres fiduciarius) nachfolgt;

5. ein Testamentsvollstrecker, der den letzten Willen des Erblassers erfüllen soll;

6. ein Vermächtnisnehmer (legatarius, fideicommissarius), dem einzelne Stücke des Nachlasses zugewendet werden;

7. ein Pflichtteilsberechtigter (Noterbe), der ein gesetzliches Recht auf einen Erwerb aus dem Nachlasse hat.

II. Erbschaft ist der Inbegriff der Rechte und Pflichten, deren Vererbung zulässig ist; sie besteht auch dann, wenn nur Schulden vorhanden sind.

Die Worte Erbschaft und Nachlass werden regulär als gleichbedeutend verwendet, sind aber juristisch unterschieden.

III. Legalordnung: Erbrecht, das fünfte Buch des B, ist in neun Abschnitte eingeteilt:

1. Erbfolge B 1922—1941.

2. Rechtliche Stellung des Erben, in vier Titeln:

a) Annahme und Ausschlagung der Erbschaft, Fürsorge des Nachlassgerichts B 1942–1966;

b) Haftung des Erben für die Nachlassverbindlichkeiten, in fünf Unterabschnitten: Nachlassverbindlichkeiten B 1967—1969, Aufgebot der Nachlassgläubiger B 1970–1974, Beschränkung der Haftung des Erben B 1975 bis 1992, Inventarerrichtung, Unbeschränkte Haftung des Erben B 1993 bis 2013, Aufschiebende Einreden B 2014—2017;

c) Erbschaftsanspruch B 2018—2031;

d) Mehrheit von Erben, in zwei Unterabschnitten: Rechtsverhältnis der Erben untereinander B 2032—2057, Rechtsverhältnis zwischen den Erben und den Nachlassgläubigern B 2058—2063.

3. Testament, in acht Titeln:

a) Allgemeine Vorschriften B 2064–2086;

b) Erbeinsetzung B 2087—2099;
c) Einsetzung eines Nacherben B 2100—2146;
d) Vermächtnis B 2147—2191;
e) Auflage B 2192—2196;
f) Testamentsvollstrecker B 2197—2228;
g) Errichtung und Aufhebung eines Testaments B 2229—2264;
h) Gemeinschaftliches Testament B 2265—2273.

4. Erbvertrag B 2274—2302.
5. Pflichtteil B 2303—2338.
6. Erbunwürdigkeit B 2339—2345.
7. Erbverzicht B 2346—2352.
8. Erbschein B 2353—2370.
9. Erbschaftskauf B 2371—2385.

Literatur: Endemann Band 3; Dernburg Band 5; Planck Band 5; Strohal Erbrecht; Binder Die Rechtsstellung des Erben (3 Teile).

§ 2. **Die Nachfolge** (Sukzession) kann so erfolgen, daß der Nachfolgende (Erbe) in die gesamte Rechtsstellung des Vorgängers (Erblassers) eintritt, oder so, daß er nur in das einzelne Recht oder mehrere einzelne Rechte eintritt, oder so, daß er nicht in das gesamte, sondern in ein Sondergut eintritt.

Diese Unterscheidung ist wegen des einheitlichen Erwerbsgrundes wesentlich; denn bei der Gesamtnachfolge wird alles auf einmal erworben bei der Einzelnachfolge muss jedes Stück besonders erworben werden.

I. Universalsukzession (successio per und in universitatem) ist der Uebergang des gesamten Vermögensinbegriffes vom Erblasser auf den Erben oder auf die Erbenmehrheit; diese Erbfolge gilt nach römischem Rechte und nach B.

II. Singularsukzession ist der Uebergang eines einzelnen Vermögensstückes auf einen anderen, z. B. Vermächtnis.

III. Spezialsukzession des deutschen Rechtes ist eine Sondernachfolge in gebundene Güter.

Der Erbe tritt in eine Sondervermögensmasse, z. B. in das Lehen, die Gerade, die Morgengabe, als Spezialuniversalsukzessor ein; siehe Band 22 7, 31.

§ 3. **Berufung** (Delation) nennt man die objektiven Tatsachen, welche den Erbschaftserwerb rechtfertigen.

I. Römische Berufungsgründe sind:
1. Testament (testamentarische Erbfolge);
2. Gesetz (Intestaterbfolge);
3. Noterbfolge.

Die Römer verlangen Einheitlichkeit des Berufungsgrundes; sie gestatten grundsätzlich nicht eine Vererbung der Berufung, ausnahmsweise wird Transmission zugelassen.

II. Deutsche Berufungsgründe sind: 1. Gesetz; 2. Erbvertrag.

III. Gemeinrechtlich und ALR: 1. Testament; 2. Gesetz; 3. Erbvertrag.

IV. Berufungsgründe nach B sind:

1. Gesetz (gesetzliche Erbfolge);

2. Verfügungen von Todes wegen, die wiederum eingeteilt werden in:

a) letztwillige Verfügungen (Testamente),

b) Erbverträge.

1. Kapitel.

Die Erbfolge.

§ 4. Erbfall ist der Zeitpunkt, mit welchem der Erblasser aus der Stellung als Subjekt eines Vermögens ausscheidet.

I. Als Zeitpunkt des Erbfalles gilt der Tod einer Person, B 1922.

Auch die Todeserklärung (Band **1** 2) gilt als Erbfall; kehrt der Verschollene heim, so wird ihm ein Erbschaftsanspruch, B 2031, gewährt.

II. Es gilt der Grundsatz der Koexistenz: Erbe kann nur sein, wer im Augenblicke des Erbfalles lebt.

Nur terminologisch macht B 1935 hiervon eine Ausnahme; sachlich gilt der Satz zu II unbeschränkt.

Kraft gesetzlicher Anordnung gelten als im Augenblicke des Erbfalles vorhanden (koexistent):

1. der nasciturus, B 1923, Abs. 2;

2. eine Stiftung, B 84.

III. Beerbt werden kann jede physische Person.

Juristische Personen werden nicht beerbt, sondern es findet ein Vermögensanfall statt, vgl. Band **1** 7.

IV. Erbe werden kann jeder, der Rechte erwerben kann, also sowohl natürliche als auch juristische Personen.

Der Staat nimmt ausserdem eine Erbschaftssteuer; vgl. Band **12**. — Ueber die Bestrebungen des St. Simonismus siehe Band **25** 15.

§ 5. Gesetzliche Erbfolge ist die auf Grund gesetzlicher Berufung eintretende Erbfolge der Verwandten, des Ehegatten, ev. des Fiskus.

Im rRe sind 3 Stufen zu unterscheiden: 1. Das Zwölftafelerbrecht in drei Klassen (sui, agnatus proximus, gentiles). — 2. Die prätorische bonorum possessio in vier Klassen (unde liberi, unde legitimi, unde cognati, unde vir et uxor). — 3. Die justinianische Intestaterbfolge; vgl. Band **18** 63.
Im dRe bestand Parentelenordnung; vgl. Band **19** 32.

I. Die gesetzliche Erbfolge der Verwandten ist eine deutschrechtliche Parentelenordnung von nicht begrenzter Zahl und beruht auf dem Prinzipe der Blutsverwandtschaft, B 1924—1930.

1. Erste Ordnung: es erben die ehelichen Abkömmlinge ohne Unterschied des Grades; wird eine Frau beerbt, so erben die unehelichen Kinder neben den ehelichen.

a) Kinder erben nach Kopfteilen.

b) Ist ein Kind weggefallen, so erben seine Kinder (d. h. die Enkel des Erblassers) nach Stämmen; sie bekommen also den Stammteil ihres weggefallenen parens.

Der Wegfall kann infolge Todes, Verzichtes, Enterbung eintreten. Ueber den Gegensatz von Verzicht und Ausschlagung w. u. Seite 6, 28.

2. In der zweiten Ordnung erben die Eltern und deren Abkömmlinge.

a) Sind nur Eltern vorhanden, dann erhalten sie alles.

b) Für die fortgefallenen Eltern treten deren Abkömmlinge ein, als ob sie die Eltern beerben, daher ist die Vollbürtigkeit und Halbbürtigkeit von Unterschied.

3. In der dritten Ordnung erben die Großeltern und für ausfallende Großeltern deren Abkömmlinge.

Die väterliche Linie ist von der mütterlichen zu scheiden: es wird so lange in derselben geerbt, bis niemand mehr da ist; erst dann, wenn in der einen Linie kein Erbe mehr ist, geht der ganze Nachlass auf die andere Linie über.

4. In der vierten Ordnung erben zuerst alle Urgroßeltern ohne Rücksicht auf Linien nach Kopfteilen.

a) Es besteht hier kein Eintrittsrecht der Abkömmlinge: solange einer der Urgroßeltern erbt, kommt kein Abkömmling in Betracht (lex Stumm), B 1928.

b) Sind aber alle Urgroßeltern weggefallen, dann kommt der nächste Verwandte des Erblassers nach dem Grade; gleich nahe Verwandte erben zu gleichen Teilen.

5. Fünfte und weitere Ordnungen ohne jede Grenze: der dem Grade nach nächste Verwandte des Erblassers schließt alle weiteren aus.

Ein Verwandter ist nicht zur Erbfolge berufen, solange ein Verwandter einer vorhergehenden Ordnung vorhanden ist.

II. Der Ehegatte ist neben Verwandten der ersten Ordnung zu einem Vierteile, neben Verwandten der zweiten Ordnung oder neben Großeltern zur Hälfte der Erbschaft als gesetzlicher Erbe berufen. Sind weder Verwandte der ersten noch der zweiten Ordnung, noch Großeltern vorhanden, so erhält der überlebende Ehegatte die ganze Erbschaft.

1. Voraus: ist der Ehegatte neben Verwandten der zweiten Ordnung oder neben Großeltern gesetzlicher Erbe, so gebühren ihm außer dem Erbteile die zum ehelichen Haushalte gehörenden Gegenstände, soweit sie nicht Zubehör eines Grundstückes sind, und die Hochzeitsgeschenke als Voraus.

Das Erbrecht des Ehegatten sowie das Recht auf den Voraus ist ausgeschlossen, wenn der Erblasser zur Zeit seines Todes auf Scheidung wegen Verschuldens des Ehegatten zu klagen berechtigt war und die Klage auf Scheidung oder auf Aufhebung der ehelichen Gemeinschaft erhoben hatte.

2. Gehört der Ehegatte zu den erbberechtigten Verwandten, so erbt er zugleich als Verwandter; der Erbteil, der ihm auf Grund der Verwandtschaft zufällt, gilt als besonderer Erbteil.

Beispiel: der Erblasser ist der Onkel seiner Frau; dagegen nicht: wenn der Vetter die Base geheiratet hat.

III. Erbrecht des Fiskus: ist zur Zeit des Erbfalles weder ein Verwandter noch ein Ehegatte des Erblassers vorhanden, so ist der Fiskus gesetzlicher Erbe.

Hat der Erblasser mehreren Einzelstaaten angehört, so ist der Fiskus eines jeden dieser Staaten zu gleichem Anteile zur Erbfolge berufen, ev. der Reichsfiskus.

1. Wird beim Erbfalle ein Erbberechtigter nicht bekannt, so bestellt das Nachlaßgericht einen Nachlaßpfleger, der Ermittelungeu anstellt (Inserat: Erben gesucht usw.).

2. Das Nachlaßgericht stellt durch Beschluß fest, daß Erben nicht ermittelt sind, und teilt dies der Verwaltungsbehörde mit. Diese nimmt den Nachlaß in Besitz.

3. Der Fiskus haftet nur beschränkt, hat aber als gesetzlicher Erbe kein Ausschlagungsrecht.

§ 6. Verfügungen von Todes wegen sind die auf dem Willen des Erblassers beruhenden Veränderungen des gesetzlichen Erbrechtes.

I. Römisch ist das Testament das Normale, die Intestaterbfolge kommt nur mangels eines Testamentes zur Anwendung. Nach B ist die gesetzliche Erbfolge das Primäre.

II. Römisch gilt Einheitlichkeit des Berufungsgrundes; nach B kann derselbe Erblasser gleichzeitig gesetzlich, testamentarisch und vertraglich beerbt werden.

III. Veränderungen der gesetzlichen Erbfolge des B können in folgenden Formen gewollt sein:

1. Der Erblasser kann durch einseitige Verfügung von Todes wegen (Testament, letztwillige Verfügung) den Erben bestimmen.

2. Der Erblasser kann durch Testament einen Verwandten oder den Ehegatten von der gesetzlichen Erbfolge ausschließen, ohne einen Erben einzusetzen.

3. Der Erblasser kann durch Testament einem anderen, ohne ihn als Erben einzusetzen, einen Vermögensvorteil zuwenden (Vermächtnis).

4. Der Erblasser kann durch Testament den Erben oder einen Vermächtnisnehmer zu einer Leistung verpflichten, ohne einem anderen ein Recht auf die Leistung zuzuwenden (Auflage).

5. Der Erblasser kann durch Vertrag einen Erben einsetzen sowie Vermächtnisse und Auflagen anordnen (Erbvertrag).

Als Erbe (Vertragserbe) oder als Vermächtnisnehmer kann sowohl der andere Vertragschliessende als ein Dritter bedacht werden.

§ 7. Der Erwerb der Erbenqualität ist nicht von einer Erklärung des Erben abhängig; es gilt das deutschrechtliche Prinzip: Sterben macht Erben.

I. Nach B 1942 gibt es eine hereditas iacens nicht mehr; der Anfall erfolgt vielmehr von Rechts wegen, gleichviel aus welchem Berufungsgrunde.

1. Jeder Erbe darf ausschlagen, ausgenommen der Fiskus als gesetzlicher Erbe (wohl aber darf er als Testamentserbe ausschlagen).

2. Die Ausschlagung ist binnen sechs Wochen, oder, wenn der Erblasser seinen letzten Wohnsitz im Auslande gehabt hat, oder, wenn der Erbe beim Beginne der Frist im Auslande sich aufhält, binnen sechs Monaten, in öffentlich beglaubigter Form gegenüber dem Nachlaßgerichte zu erklären.

Eine Annahme oder Ausschlagung kann immer nur für das Ganze erklärt werden, und zwar stets ohne Bedingung oder Befristung.

II. Das Ausschlagungsrecht ist vererblich; für den Fall der Ausschlagung gilt der ausschlagende Erbe als nicht vorhanden.

III. Die Anfechtung der Ausschlagung gilt als Annahme; ebenso umgekehrt.

Annahme ist nicht mit Antretung zu verwechseln.

IV. Erbschein ist eine vom Nachlaßgerichte ausgestellte Urkunde, in welcher das Erbrecht seiner Existenz und Größe nach bezeugt wird, B 2353 bis 2370.

1. Der Antrag ist durch öffentliche Urkunden, ev. eidesstattliche Versicherung zu begründen.

a) Der Antragsteller hat anzugeben: α) den Erbfall, β) seine Stellung zum Erblasser, γ) nähere Erbberechtigte, δ) etwaige letztwillige Verfügungen, ε) einen etwa über das Erbrecht anhängigen Rechtsstreit.

b) Antragsberechtigt ist jeder Erbe ohne Rücksicht auf die Art des Berufungsgrundes; Miterben können einen gemeinschaftlichen Erbschein erhalten.

2. Auf Grund des Erbscheines wird vermutet, daß demjenigen, der im Erbscheine als Erbe bezeichnet ist, das im Erbscheine angegebene Erbrecht zustehe, und daß er nicht durch andere als die angegebenen Anordnungen beschränkt sei.

a) Erwirbt jemand von demjenigen, welcher im Erbscheine als Erbe bezeichnet ist, durch Rechtsgeschäft einen Erbschaftsgegenstand, ein Recht an einem solchen Gegenstande oder die Befreiung von einem zur Erbschaft gehörenden Rechte, so gilt zu seinen Gunsten der Inhalt des Erbscheines als richtig, es sei denn, daß er die Unrichtigkeit kennt oder weiß, daß das Nachlaßgericht die Rückgabe des Erbscheines wegen Unrichtigkeit verlangt hat.

b) Ebenso gilt der Erbschein als richtig, wenn an denjenigen, der im Erbscheine als Erbe bezeichnet ist, auf Grund eines zur Erbschaft gehörenden Rechtes eine Leistung bewirkt, oder wenn zwischen ihm und einem anderen in Ansehung eines solchen Rechtes ein Rechtsgeschäft vorgenommen wird, das eine Verfügung über das Recht enthält.

3. Der Testamentsvollstrecker kann auf seinen Antrag ein Zeugnis über die Ernennung erhalten; dieses Zeugnis wird wie ein Erbschein erteilt und behandelt.

2. Kapitel.

Die Erbenhaftung.

§ 8. **Erbenhaftung** ist die Haftung, welche der Erbe auf Grund des Erbfalls gegenüber den Gläubigern der Nachlaßverbindlichkeiten zu übernehmen hat.

I. Der Erbe steht für die Erfüllung der Nachlaßverbindlichkeiten ein, d. h. für die Erbschaftsschulden und die Erbfallschulden.

II. Erbschaftsschulden sind die vom Erblasser herrührenden Schulden, die aus Verbindlichkeiten entstammen, die bei seinen Lebzeiten entstanden sind.

III. Erbfallschulden sind die durch den Erbfall, also nach dem Tode des Erblassers, entstandenen Schulden, nämlich:

1. die den Erben als solchen treffenden Verbindlichkeiten, insbesondere die Verbindlichkeiten aus Pflichtteilsrechten, Vermächtnissen und Auflagen;

2. die Kosten der standesmäßigen Beerdigung des Erblassers;

3. der Dreißigste, d. i. die Verpflichtung des Erben, Familienangehörigen des Erblassers, die zur Zeit des Todes des Erblassers zu dessen Hausstande gehört und von ihm Unterhalt bezogen haben, in den ersten dreißig Tagen nach dem Eintritte des Erbfalles in demselben Umfange, wie der Erblasser es getan hat, Unterhalt zu gewähren und die Benutzung der Wohnung und der Haushaltsgegenstände zu gestatten;

4. die Kosten der Nachlaßverwaltung und des Nachlaßkonkurses;

5. der dem Ehegatten gebührende Voraus;

6. die Kosten einer provisorischen Besorgung von Erbschaftsgeschäften;

7. der Unterhaltungsanspruch der Mutter eines noch nicht geborenen Erben;

8. die Verpflichtungen aus der Geschäftsführung eines Nachlaßverwalters;

9. die Erbschaftssteuer;

10. die Kosten einer Todeserklärung des Erblassers, Z 971.

§ 9. **Form und Art der Erbenhaftung** kann verschieden geordnet sein. Die Haftung kann unbeschränkt oder beschränkt sein; es kann nur mit dem Nachlasse oder überhaupt mit dem Vermögen des Erben gehaftet werden.

I. Unbeschränkt ist die Erbenhaftung, wenn der Erbe die Nachlaßverbindlichkeiten vollständig zu erfüllen gezwungen ist; dies ist der Standpunkt des B. Nur dann haftet der Erbe beschränkt, wenn ein besonderer gesetzlicher Grund vorliegt.

In der Literatur ist die Frage streitig.

Nach Strohal, Jäger, Wendt, v. Staudinger, Hellwig, Planck, Matthiass haftet der Erbe prinzipiell unbeschränkt.

Nach Endemann, Enneccerus-Lehmann, Frommhold haftet der Erbe prinzipiell beschränkt.

Nach Kohler, Cosack haftet der Erbe vorläufig unbeschränkt.

II. Der Erbe hat entweder nur mit der Erbschaft oder mit dem Vermögen, welches er an sich ohne Rücksicht auf die Erbschaft hat, einzustehen.

1. Wenn der Erbe mit seinem Vermögen haftet, dann kann er entweder unbeschränkt oder beschränkt haften.

a) Er haftet **unbeschränkt** mit seinem Vermögen, wenn er für den ganzen Betrag der Nachlaßverbindlichkeiten ohne Rücksicht darauf zu haften hat, ob die Nachlaßverbindlichkeiten aus dem Nachlasse gedeckt werden oder nicht.

b) Er haftet mit seinem Vermögen, aber begrenzt auf die Summe, welche der Nachlaß repräsentiert, also pro viribus hereditatis.

2. Wenn der Erbe nur mit dem Nachlasse haftet, dann hat er für die Nachlaßverbindlichkeiten mit demjenigen Vermögen einzustehen, welches als Nachlaß vorhanden ist; er haftet cum viribus hereditatis.

§ 10. Aufschiebende Einwände sind dem Erben gegeben, um ihn nicht von Anfang an (bevor er über die Annahme der Erbschaft entschieden ist) mit Klagen behelligen zu lassen.

I. Dem Erben sind zwei aufschiebende Einwendungen gegeben.

1. Der Erbe ist berechtigt, die Berichtigung einer Nachlaßverbindlichkeit bis zum Ablaufe der ersten drei Monate nach der Annahme der Erbschaft, jedoch nicht über die Errichtung des Inventars hinaus, zu verweigern.

2. Hat der Erbe den Antrag auf Erlassung des Aufgebotes der Nachlaßgläubiger innerhalb eines Jahres nach der Annahme der Erbschaft gestellt, und ist der Antrag zugelassen, so ist der Erbe berechtigt, die Berichtigung einer Nachlaßverbindlichkeit bis zur Beendigung des Aufgebotsverfahrens zu verweigern.

II. Die aufschiebenden Einreden werden nicht gewährt, wenn der Erbe unbeschränkt haftet.

§ 11. Das Gläubigeraufgebot im Wege des Aufgebotsverfahrens hat den Zweck, die Nachlaßgläubiger zur Anmeldung ihrer Forderungen aufzufordern.

I. Wird der Erbe rechtskräftig verurteilt, einen ausgeschlossenen Gläubiger zu befriedigen, so wirkt dies einem anderen Gläubiger gegenüber wie die Befriedigung.

II. Zu beachten: B 1974, Abs. 2.

§ 12. Die beschränkte Erbenhaftung tritt in sechs Fällen ein.

I. Bei der Abzugseinrede haftet der Erbe zwar persönlich, aber nur mit dem Ueberschusse des Nachlasses, d. h. mit demjenigen Betrage, der sich rechnungsmäßig als ein Plus aus dem Nachlasse nach Befriedigung der bisher geltendgemachten Nachlaßverbindlichkeiten ergibt.

Die Abzugseinrede steht dem Erben zu:

1. gegenüber solchen, die im Aufgebotsverfahren sich nicht gemeldet haben;

2. gegenüber solchen, die fünf Jahre nach dem Erbfalle sich melden.

II. Der Erbe kann die Befriedigung eines im Aufgebotsverfahren ausgeschlossenen Nachlaßgläubigers insoweit verweigern, als der Nachlaß durch die Befriedigung der nicht ausgeschlossenen Gläubiger erschöpft wird.

III. Einen Ueberschuß hat der Erbe zum Zweck der Befriedigung des Gläubigers im Wege der Zwangsvollstreckung nach den Vorschriften über die Herausgabe einer ungerechtfertigten Bereicherung herauszugeben.

Er kann die Herausgabe der noch vorhandenen Nachlassgegenstände durch Zahlung des Wertes abwenden.

IV. Die Nachlaßverwaltung beschränkt die Erbenhaftung.

V. Der Nachlaßkonkurs beschränkt die Erbenhaftung.

VI. Die Unzulänglichkeitseinrede ist ein Notbehelf des Erben, bei geringfügigem Nachlasse sich den Forderungen der Nachlaßgläubiger zu entziehen.

Der Erbe ist verpflichtet, den Nachlass zum Zwecke der Befriedigung des Gläubigers im Wege der Zwangsvollstreckung herauszugeben.

§ 13. Die Nachlaßverwaltung ist vom Nachlaßgerichte anzuordnen, wenn der Erbe die Anordnung beantragt.

Auf Antrag eines Nachlaßgläubigers ist sie anzuordnen, wenn Grund zu der Annahme besteht, daß die Befriedigung der Nachlaßgläubiger durch das Verhalten oder die Vermögenslage des Erben gefährdet wird.

Der Antrag kann nicht mehr gestellt werden, wenn seit der Annahme der Erbschaft zwei Jahre verstrichen sind.

Die Nachlassverwaltung kann abgelehnt werden, wenn eine den Kosten entsprechende Masse nicht vorhanden ist.

I. Die Nachlaßverwaltung soll eine genaue Sonderung des Nachlasses vom Vermögen des Erben bewirken.

1. Eine inzwischen erfolgte Konfusion gilt nicht.

2. Besonderes gilt für eine während des Provisoriums erfolgte Aufrechnung.

3. Die Berichtigung einer Nachlaßverbindlichkeit durch den Erben müssen die Nachlaßgläubiger als für Rechnung des Nachlasses erfolgt gelten lassen, wenn der Erbe den Umständen nach annehmen durfte, daß der Nachlaß zur Berichtigung aller Nachlaßverbindlichkeiten ausreiche.

II. Mit der Anordnung der Nachlaßverwaltung verliert der Erbe die Befugnis, den Nachlaß zu verwalten und über ihn zu verfügen.

1. Ein Anspruch, der sich gegen den Nachlaß richtet, kann nur gegen den Nachlaßverwalter geltend gemacht werden.

2. Zwangsvollstreckungen und Arreste in den Nachlaß zugunsten eines Gläubigers, der nicht Nachlaßgläubiger ist, sind ausgeschlossen.

3. Rechtshandlungen des Erben und Leistungen an den Erben, welche nach der Anordnung der Nachlaßverwaltung erfolgen, sind den Gläubigern gegenüber unwirksam.

IV. Der Nachlaßverwalter hat den Nachlaß zu verwalten und die Nachlaßverbindlichkeiten aus dem Nachlasse zu berichtigen; er ist für die Verwaltung des Nachlasses auch den Nachlaßgläubigern verantwortlich.

Er darf den Nachlaß dem Erben erst ausantworten, wenn die bekannten Nachlaßverbindlichkeiten berichtigt sind. Für die Führung seines Amtes kann er eine angemessene Vergütung verlangen.

V. Die Nachlaßverwaltung endet mit der Eröffnung des Nachlaßkonkurses; sie kann aufgehoben werden, wenn sich ergibt, daß eine den Kosten entsprechende Masse nicht vorhanden ist.

§ 14. **Der Nachlaßkonkurs** ist im Falle der Ueberschuldung des Nachlasses anzuordnen; vgl. Band 10 34.

Beantragt der Erbe nicht unverzüglich, nachdem er von der Ueberschuldung des Nachlasses Kenntnis erlangt hat, die Eröffnung des Nachlasskonkurses, so ist er den Gläubigern für den daraus entstehenden Schaden verantwortlich.

Bei der Bemessung der Zulänglichkeit des Nachlasses bleiben die Verbindlichkeiten aus Vermächtnissen und Auflagen ausser Betracht.

Beruht die Ueberschuldung des Nachlasses auf Vermächtnissen und Auflagen, so ist der Erbe berechtigt, die Berichtigung dieser Verbindlichkeiten zu bewirken. Er kann die Herausgabe der noch vorhandenen Nachlassgegenstände durch Zahlung des Wertes abwenden.

§ 15. **Inventarerrichtung** ist die Einreichung eines ordnungsmäßig aufgenommenen Verzeichnisses des Nachlasses beim zuständigen Nachlaßgerichte.

I. Der Erbe ist berechtigt, ein Inventar zu errichten; er ist hierzu verpflichtet, wenn das Gericht auf Antrag eines Nachlaßgläubigers eine Frist zur Inventarerrichtung bestimmt.

Dem Fiskus kann eine Inventarfrist nicht bestimmt werden.

II. Das Inventar begründet den Nachlaßgläubigern gegenüber die Vermutung, daß zur Zeit des Erbfalles weitere Nachlaßgegenstände als die angegebenen nicht vorhanden gewesen seien.

III. Der Erbe haftet stets unbeschränkt, und zwar gegenüber allen Nachlaßgläubigern:

1. wenn er die Inventarfrist versäumt,

2. wenn er unredlich inventarisiert, und zwar:

a) wenn er die Nachlaßgegenstände in erheblichem Maße unvollständig anführt;

b) wenn er in Benachteiligungsabsicht nicht bestehende Nachlaßverbindlichkeiten anführt;

c) wenn er die zur Inventaraufnahme erforderlichen Auskünfte verweigert oder erheblich verzögert.

IV. Der Erbe haftet einzelnen Nachlaßgläubigern unbeschränkt:

1. bei Verweigerung der Leistung des Offenbarungseides;
2. bei vertragsmäßigem Verzichte auf die beschränkte Haftung;
3. bei Verurteilung ohne Vorbehalt der beschränkten Haftung.

3. Kapitel.

Der Erbenschutz.

§ 16. Der Erbschaftsanspruch ist die universale Klage des Erben auf Anerkennung seines Erbrechtes und auf Auslieferung der Erbschaft, B 2018.

I. Kläger ist der Erbe, ev. auch der irrtümlich für tot Erklärte; dagegen nicht der Pflichtteilsberechtigte. Beklagter ist der Erbschaftsbesitzer, d. h. jeder, der auf Grund eines ihm in Wirklichkeit nicht zustehenden Erbrechtes etwas aus der Erbschaft erlangt hat.

Eine ficta possessio besteht nicht mehr.

II. Umfang des Erbschaftsanspruches: der Anspruch geht auf Herausgabe der Erbschaft und dessen, was mit Mitteln der Erbschaft rechtsgeschäftlich erlangt ist.

1. Es sind alle Nutzungen, selbst die eigentümlich erworbenen Früchte, herauszugeben.

2. Der redliche Besitzer haftet erst seit der Klageerhebung (B 2023), der unredliche Besitzer dagegen seit der Erlangung des Besitzes, ev. seit seiner Bösgläubigkeit.

III. Verjährung: dreißig Jahre.

IV. Der heimgekehrte Verschollene hat den Universalanspruch, B 2031.

§ 17. Singularklagen heißen die Ansprüche, die dem Erben in Ansehung der einzelnen Erbschaftsgegenstände zustehen.

I. Der Singularanspruch ist vom Universalanspruch wesentlich verschieden.

II. Der Singularanspruch wird bezüglich der Haftung des Erbschaftsbesitzers analog dem Erbschaftsanspruche behandelt, B 2029.

§ 18. Die Auskunftspflicht, welche gewissen Personen gesetzlich auferlegt ist, soll den Erben in der Geltendmachung seiner Ansprüche unterstützen.

Im rRe: interrogatio in iure, Band 8 17.

Verpflichtet zur Erteilung der Auskunft ist:

1. der Erbschaftsbesitzer, B 2027, Abs. 1;
2. der Besitzer einer Nachlaßsache, B 2027, Abs. 2;
3. jeder, der mit dem Erblasser in Hausgemeinschaft gelebt hat, B 2028.

Der Erbe kann ev. die Leistung des materiell-rechtlichen Offenbarungseides verlangen, vgl. Band 2 9.

4. Kapitel.

Die Erbenmehrheit.

§ 19. **Die Miterben untereinander** haben den Nachlaß als gemeinschaftliches Vermögen, B 2032.

I. Unter ihnen besteht ein Gesamthandsverhältnis, d. h. nach außen hin sind alle nur gemeinschaftlich verfügungsberechtigt.

1. Jeder Miterbe hat die freie Verfügung über seinen Anteil am Nachlasse, d. h. an dem ihm zustehenden Bruchteile des Ganzen.

Der Vertrag, durch den ein Miterbe über seinen Anteil verfügt, bedarf der gerichtlichen oder notariellen Beurkundung; verkauft er seinen Anteil an einen Dritten, so sind die übrigen Miterben kraft Gesetzes vorkaufsberechtigt. Das Vorkaufsrecht ist binnen 2 Monaten auszüben; es ist vererblich.

2. Ein Miterbe ist nicht berechtigt, über seinen Anteil an den einzelnen Nachlaßgegenständen zu verfügen.

II. Die Verwaltung des Nachlasses erfolgt gemeinschaftlich durch die Miterben; die zur Erhaltung des Nachlasses notwendigen Maßregeln kann jeder Miterbe ohne Mitwirkung der anderen treffen.

1. Jeder Miterbe kann verlangen, daß die Auseinandersetzung bewirkt werde.

2. Soweit die Erbteile wegen der zu erwartenden Geburt eines Miterben noch unbestimmt sind, ist die Auseinandersetzung bis zur Beseitigung der Unbestimmtheit ausgeschlossen, ferner so lange, als eine Ehelichkeitserklärung, eine Kindesannahme oder eine Stiftungsgenehmigung noch nicht endgültig entschieden ist.

Der Erblasser kann durch letztwillige Verfügung die Auseinandersetzung ausschliessen, jedoch nur dann über 30 Jahre hinaus, wenn ein bestimmtes Ereignis oder eine Nacherbfolge oder der Anfall eines Vermächtnisses abgewartet werden soll.

III. Abkömmlinge, die als gesetzliche Erben zur Erbfolge gelangen, sind verpflichtet, dasjenige, was sie vom Erblasser bei dessen Lebzeiten als Ausstattung erhalten haben, bei der Auseinandersetzung untereinander zur Ausgleichung zu bringen, soweit nicht der Erblasser bei der Zuwendung ein anderes angeordnet hat.

Fällt ein Abkömmling, der kollationspflichtig sein würde, vor oder nach dem Erbfalle weg, so ist der an seine Stelle tretende Abkömmling ausgleichungspflichtig. Hat der Erblasser für den wegfallenden Abkömmling einen Ersatzerben eingesetzt, so ist im Zweifel anzunehmen, dass dieser nicht mehr erhalten soll, als der Abkömmling unter Berücksichtigung der Ausgleichungspflicht erhalten würde.

1. Bei der Auseinandersetzung wird jedem Miterben der Wert der Zuwendung, die er auszugleichen hat, auf seinen Erbteil angerechnet; der Wert der nämlichen Zuwendung, die auszugleichen ist, wird dem Nachlasse hinzugerechnet, soweit dieser den Miterben zukommt, unter denen die Ausgleichung stattfindet.

2. Hat ein Miterbe durch die Zuwendung mehr erhalten, als ihm bei der Auseinandersetzung zukommen würde, so ist er zur Herauszahlung des Mehrbetrages nicht verpflichtet.

Der Nachlass wird in einem solchen Falle unter die übrigen Erben in der Weise geteilt, dass der Wert der Zuwendung und der Erbteil des Miterben ausser Ansatz bleiben.

§ 20. Die Miterbenhaftung ist in B 2058—2063 besonders geordnet.

I. Die Erben haften für die gemeinschaftlichen Nachlaßverbindlichkeiten als Gesamtschuldner.

II. Bis zur Teilung des Nachlasses kann jeder Miterbe die Berichtigung der Nachlaßverbindlichkeiten aus dem Vermögen, das er außer seinem Anteile am Nachlasse hat, verweigern.

Haftet er für eine Nachlassverbindlichkeit unbeschränkt, so steht ihm dieses Recht in Ansehung des seinem Erbteile entsprechenden Teiles der Verbindlichkeit nicht zu. Dagegen bleibt das Recht der Nachlassgläubiger, die Befriedigung aus dem ungeteilten Nachlasse von sämtlichen Miterben zu verlangen, unberührt.

III. Nach der Teilung des Nachlasses haftet jeder Miterbe prinzipiell als Gesamtschuldner.

Der Miterbe haftet jedoch nur für den seinem Erbteile entsprechenden Teil der Nachlaßverbindlichkeiten in folgenden Fällen:

1. wenn der Gläubiger im Aufgebotsverfahren ausgeschlossen ist, oder wenn gemäß B 2061 ein Privataufgebot stattgefunden hat;

2. wenn der Gläubiger seine Forderung später als 5 Jahre geltend macht, ausgenommen, daß die Forderung vor Ablauf der 5 Jahre bekannt geworden oder im Aufgebotsverfahren angemeldet ist;

3. wenn der Nachlaßkonkurs eröffnet und durch Verteilung der Masse oder durch Zwangsvergleich beendigt worden ist.

IV. Die Anordnung einer Nachlaßverwaltung kann, solange der Nachlaß noch nicht geteilt ist, von den Erben, aber nur gemeinschaftlich, beantragt werden.

V. Die Errichtung des Inventars durch einen Miterben kommt auch den übrigen Erben zustatten, soweit sie nicht unbeschränkt haften; ein Miterbe kann sich gegenüber den anderen Miterben auch dann auf seine beschränkte Haftung berufen, selbst wenn er den Gläubigern gegenüber unbeschränkt haftet.

§ 21. Die Berechnung der Miterbenanteile nach B 2088, 2091—2094. Wenn der Erblasser nur über einen Teil verfügt hat, so tritt für den Rest die gesetzliche Erbfolge ein, falls nicht der Erblasser eine Erweiterung der Erbteile auf den ganzen Nachlaß gewollt hat; hierüber gelten folgende Regeln:

1. Sind Miterben ohne Angabe von Teilen ernannt, dann wird nach Köpfen geteilt.

2. Sind Miterben nach Gruppen eingesetzt, dann werden die Anteile auf die Gruppen verteilt.

3. Bei einer Ungenauigkeit des Erblassers können folgende Möglichkeiten vorliegen:

a) er hat zu wenig verteilt: dann sind die Teile zu erhöhen.

Beispiel: zwei Erben sind, der eine auf $1/4$, der andere auf $1/3$, eingesetzt. Beide Brüche werden auf den gemeinsamen Nenner gebracht ($3/12$ und $4/12$). Der neue Nenner der richtigen Erbteile wird durch Addition der Zähler gefunden ($3 + 4 = 7$) und an Stelle des gemeinsamen Nenners (12) gesetzt. Dann betragen die Erbteile $3/7$ und $4/7$.

b) Der Erblasser hat zu viel verteilt: dann sind die Teile zu vermindern.

Beispiel: vier Erben sind auf $1/2$, $1/3$, $1/4$, $1/6$ eingesetzt; gemeinsamer Nenner ist 12, also betragen die Teile: $6/12$, $4/12$, $3/12$, $2/12$. Neuer Nenner ist 15, also betragen die wirklichen Erbteile: $6/15$, $4/15$, $3/15$, $2/15$. Dieser Fall trifft auch zu, wenn ein Erbe auf das Ganze, andere zu Bruchteilen berufen sind, dann gilt das Ganze als $1/1$ bzw. $2/2$ usw.

5. Kapitel.

Die Verfügungen von Todes wegen.

§ 22. **Testament** ist eine Urkunde, in welcher der Erblasser seinen letzten Willen, insbesondere über das rechtliche Schicksal des Nachlasses, mitteilt.

I. Die Errichtung des Testamentes ist ein höchst persönlicher Akt, deshalb ist es von größter Bedeutung, den Willen des Erblassers zu erforschen; hierüber bestehen gesetzliche Auslegungsregeln, B 2064—2099.

1. Hat der Erblasser seine gesetzlichen Erben ohne nähere Bestimmungen bedacht, so sind damit diejenigen gemeint, die zur Zeit des Erbfalles seine gesetzlichen Erben sein würden.

2. Hat er seine Verwandten oder seine nächsten Verwandten bedacht, so sind im Zweifel diejenigen Verwandten gemeint, die zur Zeit des Erbfalles seine gesetzlichen Erben sein würden.

3. Hat er seine Kinder ohne nähere Bestimmung bedacht, und ist ein Kind vor der Errichtung des Testamentes unter Hinterlassung von Abkömmlingen gestorben, so sind diese Abkömmlinge, soweit sie bei gesetzlicher Erbfolge an die Stelle des Kindes treten würden, bedacht.

4. Hat der Erblasser eine Klasse von Personen (zB. das Gesinde) bedacht, so ist hierfür die Zeit des Erbfalles maßgebend; hat er die Armen bedacht, so ist im Zweifel die öffentliche Armenkasse der Gemeinde seines letzten Wohnsitzes gemeint.

5. Hat der Erblasser den Bedachten ungenau bezeichnet, so daß nicht ermittelt werden kann, wer von mehreren Personen gemeint ist, so gelten sie als zu gleichen Teilen eingesetzt.

II. cautio Muciana: B 2075.

III. Die Anfechtung einer letztwilligen Verfügung erfolgt durch den=

jenigen, dem die Aufhebung der letztwilligen Verfügung unmittelbar zustatten kommen würde.

1. Anfechtungsgründe bestehen, wenn der Erblasser über den Inhalt seiner Erklärung geirrt hat oder widerrechtlich durch Täuschung oder Drohung zur Verfügung bestimmt worden ist, oder wenn er einen Pflichtteilsberechtigten aus Unkenntnis übergangen hat.

2. Die Anfechtung kann nur binnen Jahresfrist erfolgen; nach 30 Jahren seit dem Erbfalle ist sie ausgeschlossen.

IV. Erbe ist, wem der Erblasser sein Vermögen ganz (oder zu einem Bruchteile) zuwendet, auch wenn er den Bedachten nicht gerade mit dem Worte Erbe bezeichnet. Wendet der Erblasser einem Bedachten nur einzelne Gegenstände zu, so ist im Zweifel nicht anzunehmen, daß der Bedachte Erbe sein solle, auch wenn der Erblasser ihn als Erben bezeichnet.

1. Eine Mehrheit der Berufungsgründe ist zulässig; hat der Erblasser nur einen Erben, und zwar auf einen Bruchteil des Nachlasses eingesetzt, dann tritt wegen des Restes Intestaterbfolge ein.

2. Anwachsung nach B 2094 kann eintreten; aber der Erblasser kann sie ausschließen.

Erhöhung kommt nur bei gesetzlichen Erben vor, B 1935; sie vollzieht sich automatisch.

§ 23. Ersatzerbe (Substitut) ist ein Erbe, der vom Erblasser für den Fall eingesetzt wird, daß ein eingesetzter Erbe vor oder nach dem Eintritte des Erbfalles wegfällt, B 2096.

1. Auslegungsregel: ist jemand für den Fall, daß der zunächst berufene Erbe nicht Erbe sein kann oder will, als Ersatzerbe eingesetzt, so ist er im Zweifel für beide Fälle eingesetzt. Das Recht des Ersatzerben geht dem Anwachsungsrechte vor.

2. Gegensatz: der Ersatzerbe ist für den Fall eingesetzt, daß ein zunächst berufener Erbe vor oder nach dem Eintritte des Erbfalles wegfällt; der Nacherbe ist derart eingesetzt, daß er erst dann Erbe werden soll, nachdem zunächst ein anderer (der Vorerbe) Erbe geworden ist.

§ 24. Nacherbfolge. Der Nacherbe (Universalfideikommissar) wird für den Fall eingesetzt, daß ein eingesetzter Erbe (Vorerbe, Fiduziar) nach der Erlangung der Erbschaft wieder wegfällt, B 2100. — Die Einsetzung als Nacherbe enthält im Zweifel auch die Einsetzung als Ersatzerbe; ist zweifelhaft, ob jemand als Ersatzerbe oder als Nacherbe eingesetzt ist, so gilt er als Ersatzerbe. Stirbt der eingesetzte Nacherbe vor dem Eintritte der Nacherbfolge, aber nach dem Eintritte des Erbfalles, so geht im Zweifel das Recht auf die Erben des Nacherben über.

I. Zeitliche Begrenzung: tritt die Nacherbfolge nicht innerhalb von dreißig Jahren nach dem Erbfalle ein, so wird sie unwirksam. Ausnahmen:

1. wenn die Nacherbfolge für den Fall angeordnet ist, daß in der Person des Vorerben oder des Nacherben ein bestimmtes Ereignis eintritt, und derjenige, in dessen Person das Ereignis eintreten soll, zur Zeit des Erbfalles lebt. Beispiel: Tod des Vorerben.

2. wenn dem Vorerben oder einem Nacherben für den Fall, daß ihm ein Bruder oder eine Schwester geboren wird, der Bruder oder die Schwester als Nacherbe bestimmt ist.

II. Rechtsstellung: der Vorerbe kann über die zur Erbschaft gehörenden Gegenstände grundsätzlich verfügen. Einzelheiten:

1. Verfügt der Vorerbe über ein Erbschaftsgrundstück oder ein Immobiliarrecht der Erbschaft, so ist diese Verfügung im Falle der Nacherbfolge insoweit unwirksam, als sie das Recht des Nacherben vereiteln oder beeinträchtigen würde.

2. Eine Verfügung über einen Erbschaftsgegenstand, die unentgeltlich oder zum Zwecke der Erfüllung eines Schenkungsversprechens des Vorerben erfolgt, ist (abgesehen von Anstandsschenkungen) gegenüber dem Nacherben unwirksam.

3. Der Vorerbe hat auf Verlangen des Nacherben Inhaberpapiere der Erbschaft mit der Bestimmung zu hinterlegen, daß die Herausgabe nur mit Zustimmung des Nacherben verlangt werden kann; bei Buchforderungen gegen das Reich oder einen Einzelstaat hat der Vorerbe auf Verlangen des Nacherben im Schuldbuche vermerken zu lassen, daß er über die Forderungen nur mit Zustimmung des Nacherben verfügen kann.

4. Geld, das nach den Regeln einer ordnungsmäßigen Wirtschaft dauernd anzulegen ist, hat der Vorerbe nach den Vorschriften über Mündelgeld anzulegen.

5. Haftung: der Vorerbe haftet dem Nacherben für culpa in concreto.

III. Befreite Vorerbfolge bewirkt die Befreiung von den Beschränkungen bezügl. Grundstücksverfügungen, Hypotheken oder Grundschulden, bezügl. der Inhaberpapiere und der Buchforderungen, bezügl. der Aufstellung eines Planes beim Walde, Auskunft über Bestand, Sicherheitsleistung; — culpa in concreto; — Raubbau; — guter Glaube gilt.

Von den Befreiungen bestehen jedoch drei Ausnahmen:

1. Der Vorerbe ist nicht von der Verfügungsbeschränkung bezügl. der unentgeltlichen Verfügungen befreit.

2. Der Vorerbe ist nicht von der Verpflichtung befreit, ein Vermögensverzeichnis aufzustellen.

3. Keine Befreiung von B 2115; dem Gläubiger des Vorerben ist — abgesehen von Nachlaßverbindlichkeiten — der Zugriff zum Nachlaß versagt.

IV. Der Nacherbe ist Erbe des Erblassers (nicht: des Vorerben); mit dem Eintritte der Nacherbfolge hört der Vorerbe auf, Erbe zu sein;

die Erbschaft fällt dem Nacherben an. Der Nacherbe kann die Erbschaft ausschlagen, sobald der Erbfall eingetreten ist; tut er dies, so verbleibt sie — mangels anderweitiger Bestimmung des Erblassers — dem Vorerben.

§ 25. Vermächtnis ist eine Beschwerung des Erben oder eines Vermächtnisnehmers zugunsten eines Bedachten, dem der Erblasser etwas aus dem Nachlasse zuwenden will. Es begründet stets nur einen obligatorischen Anspruch gegen den Erben.

I. Vorausvermächtnis (praelegatum) ist ein einem Erben zugewandtes Vermächtnis; es gilt auch insoweit, als der Erbe selbst beschwert ist, als Vermächtnis.

II. Wahlvermächtnis ist ein Vermächtnis derart, daß der Bedachte von mehreren Gegenständen nur den einen oder den anderen (nach Wahl des Beschwerten) erhalten soll. Ist in einem solchen Falle die Wahl einem Dritten überlassen, so erfolgt sie durch Erklärung gegenüber dem Beschwerten; kann der Dritte die Wahl nicht treffen, so geht das Wahlrecht auf den Beschwerten über.

Im römRe hat der Bedachte das Wahlrecht.

III. Gattungsvermächtnis ist das Vermächtnis einer nur der Gattung nach bestimmten Sache; der Beschwerte hat eine den Verhältnissen des Bedachten entsprechende Sache zu leisten. Ist die Sache nicht vorhanden, so hat der Beschwerte sie zu verschaffen (Verschaffungsvermächtnis).

IV. Ein Vermächtnis ist unwirksam, wenn der Bedachte zur Zeit des Erbfalles nicht mehr lebt. Ist es unter einer aufschiebenden Bedingung oder unter einem Anfangstermine angeordnet worden, so wird es unwirksam, wenn nicht innerhalb von 30 Jahren die Bedingung oder der Termin eintritt. Ausnahme: wie w. o. Seite 16 (Ereignis, Geburt von Geschwistern).

V. Beim Vermächtnis einer Forderung gilt, wenn der Erblasser eine Geldforderung vermacht, die Geldsumme auch dann als Vermächtnis, wenn sie sich in der Erbschaft nicht vorfindet.

§ 26. Auflage ist die Verpflichtung eines Erben oder Vermächtnisnehmers, etwas zu leisten.

Gegensatz: beim Vermächtnisse hat der Vermächtnisnehmer ein selbständiges Klagerecht, dagegen hat es der durch die Auflage Begünstigte nicht.

Zwang zur Erfüllung der Auflage: zunächst kann der Erbe, sodann auch derjenige, dem der Wegfall des mit der Auflage Beschwerten unmittelbar zustatten kommen würde, die Vollziehung der Auflage verlangen; liegt die Vollziehung im öffentlichen Interesse, so kann auch die zuständige Behörde die Vollziehung der Auflage verlangen.

§ 27. Testamentsvollstrecker ist, wer zur Durchführung des letzten Willens des Erblassers eingesetzt ist. Er wird vom Erblasser durch das

Testament ernannt; ev. kann der Erblasser im Testamente das Nachlaßgericht um die Ernennung eines Testamentsvollstreckers ersuchen.

I. Aufgaben des Testamentsvollstreckers: er hat die letztwilligen Verfügungen des Erblassers auszuführen, insbesondere beim Vorhandensein von Miterben die Auseinandersetzung zu bewirken; er hat den Nachlaß zu verwalten und ist insbesondere berechtigt, ihn in Besitz zu nehmen und über die Nachlaßgegenstände zu verfügen.

II. Sachlegitimation: ein Anspruch, der sich gegen den Nachlaß richtet, kann sowohl gegen den Erben als gegen den Testamentsvollstrecker gerichtlich geltend gemacht werden.

III. Verletzt der Testamentsvollstrecker seine Verpflichtungen, so ist er, wenn ihm ein Verschulden zur Last fällt, für den daraus entstehenden Schaden dem Erben und (soweit ein Vermächtnis zu vollziehen ist) auch dem Vermächtnisnehmer verantwortlich.

IV. Mehrere Testamentsvollstrecker führen das Amt gemeinschaftlich; Meinungsverschiedenheiten entscheidet das Nachlaßgericht.

V. Ausweis: Zeugnis des Nachlaßgerichtes; siehe w. o. Seite 6.

§ 28. **Die Errichtung der Testamente** ist an Formvorschriften geknüpft, B 2229—2264.

I. Das Testament wird in ordentlicher Form errichtet:

a) als ordentliches öffentliches Testament: vor einem Richter (unter Zuziehung eines Gerichtsschreibers oder zweier Zeugen) oder vor einem Notar (unter Zuziehung eines zweiten Notars oder zweier Zeugen), B 2231, Nr. 1.

b) als ordentliches Privattestament: durch eine vom Erblasser unter Angabe des Ortes und Tages eigenhändig geschriebene und unterschriebene Erklärung (holographisches Testament), B 2231, Nr. 2.

Beim Privattestamente sind folgende Einzelheiten zu betrachten.

1. Die falsche Angabe von Ort und Tag macht es nichtig; so Kipp, Endemann, RG **51** 166, **52** 277; — dagegen: Strohal, Matthiass, Cosack, Planck, KG (OLG **4** 424).

2. Irrtum des Testators oder blosses Verschreiben (zB. 1609 statt 1909) schadet nicht (Kipp, Dernburg).

3. Briefform und Unterschreiben nur des letzten von mehreren Blättern ist zulässig (KG in Johow **29** A 65).

4. Aufschrift nur auf dem Umschlage, in welchem sich der letzte Wille befindet, ist unzureichend, das Testament ist nichtig; RG **51** 7.

5. Die Unterschrift hinter dem Texte, aber in der Höhe der letzten Zeile, genügt nach Kipp, Dernburg; — dagegen verlangt KG in OLG **7** 363, dass sie noch tiefer stehe.

6. Name am Anfange („Ich N. N. bestimme was folgt") ist keine Unterschrift und genügt daher nicht zur Erfüllung der Form; KG in OLG **5** 348.

II. Testierfähigkeit ist die Fähigkeit, eine letztwillige Verfügung zu errichten.

1. Wer in der Geschäftsfähigkeit beschränkt ist, bedarf zur Errichtung eines Testamentes nicht der Zustimmung seines gesetzlichen Vertreters.

2. Ein Minderjähriger kann ein Testament erst errichten, wenn er das sechzehnte Lebensjahr vollendet hat, und auch dann nur mündlich und öffentlich.

3. Wer wegen Geistesschwäche, Verschwendung oder Trunksucht entmündigt ist, kann ein Testament nicht errichten; die Unfähigkeit tritt schon mit der Stellung des Antrages ein, auf Grund dessen die Entmündigung erfolgt.

Hat ein Entmündigter ein Testament errichtet, bevor der die Entmündigung aussprechende Beschluss unanfechtbar geworden ist, so steht die Entmündigung der Gültigkeit des Testamentes nicht entgegen, wenn der Entmündigte noch vor dem Eintritte der Unanfechtbarkeit stirbt. — Das Gleiche gilt, wenn der Entmündigte nach der Stellung des Antrages auf Wiederaufhebung der Entmündigung ein Testament errichtet und die Entmündigung dem Antrage gemäss wieder aufgehoben wird.

4. Wer Geschriebenes nicht lesen kann, darf nur mündlich testieren.

5. Wer nach der Ueberzeugung des Richters stumm ist, kann nur durch Uebergabe einer Schrift testieren, nicht (durch Dolmetscher) seinen letzten Willen zu Protokoll erklären.

III. Beschränkungen der bei der Testamentserrichtung mitwirkenden Personen:

1. Als Richter, Notar, Gerichtsschreiber oder Zeuge kann bei der Errichtung des Testamentes nicht mitwirken:

a) der Ehegatte des Erblassers, auch wenn die Ehe nicht mehr besteht;

b) wer mit dem Erblasser in gerader Linie oder im zweiten Grade der Seitenlinie verwandt oder verschwägert ist;

c) wer in dem Testamente bedacht wird, oder wer Ehegatte, naher Verwandter oder Verschwägerter eines Bedachten ist.

Im Falle zu c ist nur die eine Zuwendung an den Bedachten nichtig.

2. Als Gerichtsschreiber oder zweiter Notar oder Zeuge kann bei der Errichtung des Testamentes nicht mitwirken, wer zu dem Richter oder dem beurkundenden Notar in dem unter 1a und b bezeichneten Verhältnisse steht.

3. Als Zeuge soll bei der Errichtung des Testamentes nicht mitwirken:

a) ein Minderjähriger;

b) wer der bürgerlichen Ehrenrechte für verlustig erklärt ist, während der Zeit, für welche die Aberkennung der Ehrenrechte erfolgt ist;

c) wer nach den Vorschriften der Strafgesetze unfähig ist, als Zeuge eidlich vernommen zu werden;

d) wer als Gesinde oder Gehilfe im Dienste des Richters oder des beurkundenden Notars steht.

IV. Hergang bei der Testamentserrichtung:

1. der Erblasser erklärt dem Richter oder dem Notar seinen letzten Willen mündlich oder übergibt eine Schrift mit der mündlichen Erklärung, daß sie seinen letzten Willen enthalte. Die Schrift kann offen

oder verschlossen übergeben werden; sie kann vom Erblasser oder von einer anderen Person geschrieben sein.

2. Die bei der Errichtung des Testamentes mitwirkenden Personen müssen während der ganzen Verhandlung zugegen sein (unitas actus).

3. Ueber die Errichtung des Testamentes muß ein Protokoll in deutscher Sprache aufgenommen werden.

Inhalt des Protokolles:

a) Ort und Tag der Verhandlung;

b) die Bezeichnung des Erblassers und der bei der Verhandlung mitwirkenden Personen;

c) die Erklärungen des Erblassers und im Falle der Uebergabe einer Schrift die Feststellung der Uebergabe.

4 Das Protokoll muß vorgelesen, von dem Erblasser genehmigt und von ihm eigenhändig unterschrieben werden; im Protokolle muß festgestellt werden, daß dies geschehen ist. Das Protokoll soll dem Erblasser auf Verlangen auch zur Durchsicht vorgelegt werden. Das Protokoll muß von den mitwirkenden Personen unterschrieben werden.

a) Erklärt der Erblasser, dass er nicht schreiben könne, so wird seine Unterschrift durch die Feststellung dieser Erklärung im Protokolle ersetzt.

b) Beim Stummentestamente ist protokollarisch festzustellen: 1. das eigenhändige Niederschreiben der Erklärung des Stummen, dass die überreichte Schrift seinen letzten Willen enthalte, 2. die Ueberzeugung des Richters oder Notars, dass der Erblasser am Sprechen verhindert sei.

c) Ist der Erblasser der deutschen Sprache nicht mächtig, so ist ein Dolmetscher hinzuzuziehen.

§ 29. **Außerordentliche Testamente** sind das Soldaten-, Dorf-, Not-, Seetestament.

I. Das Soldatentestament ist gemäß § 44 des Reichsmilitärgesetzes vom 2. Mai 1874 allen aktiven Militärpersonen und den unter den Kriegsgesetzen stehenden Personen (Band 17 2—4) von dem Augenblicke an gestattet, in dem die Truppen mobil gemacht sind (z. B. ein Kriegsschiff mit dem Verlassen des Heimatshafens, wenn es in fremden Gewässern allein fährt, Einf-B 44) oder in ihren Standquartieren angegriffen werden.

Die Errichtung muß während des Kriegszustandes usw. erfolgen; es gibt drei Formen:

1. selbst ge- und unterschrieben, eine Datierung ist nicht nötig;

2. Unterschrift des Testators und Mitunterschrift zweier Zeugen, oder für sie ein Kriegsgerichtsrat, Offizier, ev. beim Kranken: ein Militärarzt, höherer Lazarettbeamter, Militärgeistlicher;

3. mündlich zum Protokoll eines Kriegsgerichtsrates (Offiziers) und vor zwei Zeugen oder für sie ein Kriegsgerichtsrat usw.

Die Gültigkeitsdauer beträgt eventuell ein Jahr.

II. Das Dorftestament ist zulässig, wenn zu besorgen ist, daß der Erblasser früher sterben werde, als die Errichtung eines Testamentes vor einem Richter oder Notar möglich ist. Die Errichtung des Testamentes erfolgt vor dem Vorsteher der Gemeinde, in welcher der Erblasser sich aufhält; der Vorsteher muß zwei Zeugen zuziehen.

Die Besorgnis, dass die Errichtung eines ordentlichen Testamentes nicht möglich sein werde, muss im Protokolle festgestellt werden; der Gültigkeit des Testamentes steht nicht entgegen, dass die Besorgnis nicht begründet war.

III. Das Nottestament (Sperretestament) ist zulässig, wenn der Erblasser an einem Orte sich aufhält, der infolge des Ausbruches einer Krankheit oder infolge sonstiger außerordentlicher Umstände dergestalt abgesperrt ist, daß die Errichtung eines ordentlichen Testamentes nicht möglich oder erheblich erschwert ist.

Die Errichtung erfolgt in der Form des Dorftestamentes oder durch mündliche Erklärung vor drei Zeugen (Dreizeugentestament) unter Aufnahme eines Protokolles; die Zuziehung eines Dolmetschers ist hier unzulässig.

IV. Das Seetestament kann während einer Seereise an Bord eines deutschen Fahrzeuges außerhalb eines inländischen Hafens durch mündliche Erklärung vor drei Zeugen unter Aufnahme eines Protokolles (und ohne Dolmetscher) errichtet werden. Dagegen kann auf der Kriegsmarine (in mobilem Zustande) nur mit Soldatentestament testiert werden.

Dauer der Wirksamkeit des Dorf-, Not- und Seetestamentes: es gilt als nicht errichtet, wenn seit der Errichtung drei Monate verstrichen sind und der Erblasser noch lebt. Beginn und Lauf der Frist sind gehemmt, solange der Erblasser außerstande ist, ein ordentliches Testament zu errichten.

Tritt der Erblasser, der ein Seetestament errichtet hat, vor dem Ablaufe der Frist eine neue Seereise an, so wird die Frist dergestalt unterbrochen, dass nach der Beendigung der neuen Reise die volle Frist von neuem zu laufen beginnt.

Wird der Erblasser nach dem Ablaufe der Frist für tot erklärt, so behält das Testament seine Kraft, wenn die Frist zu der Zeit, zu welcher der Erblasser den vorhandenen Nachrichten zufolge noch gelebt hat, noch nicht verstrichen war.

§ 30. Die Rechtsbeständigkeit der Testamente. Das Testament kann nach B durch den Erblasser oder durch andere in seinem Bestande erschüttert werden.

I. Der Erblasser kann ein Testament jederzeit frei widerrufen; ebenso auch einzelne letztwillige Verfügungen eines sonst bestehen bleibenden Testamentes. Der Widerruf erfolgt durch Testament.

Rechtsvermutung: als Widerruf wird angesehen, wenn der Erblasser die Testamentsurkunde vernichtet oder sie derart verändert, daß man daraus auf den Willen, die schriftliche Willenserklärung zu vernichten, schließen kann, z. B. Einreißen, Durchschneiden.

1. Ein beschränkt geschäftsfähiger Entmündigter kann ein vor der Entmündigung errichtetes Testament widerrufen; dagegen kann dies ein Geisteskranker nicht tun.

2. Ein ordentliches öffentliches Testament, ebenso ein Dorftestament gilt als widerrufen, wenn die in amtliche Verwahrung genommene Urkunde dem Erblasser zurückgegeben wird. Der Erblasser kann die Rückgabe jederzeit (gewöhnlich unter Rückgabe des ihm erteilten Hinterlegungsscheines) verlangen, sie darf nur an den Erblasser persönlich erfolgen. Dagegen ist beim holographischen Testamente die Rückgabe auf die Wirksamkeit des Testamentes ohne Einfluß.

Wird der durch Testament erfolgte Widerruf einer letztwilligen Verfügung widerrufen, so ist die Verfügung wirksam, wie wenn sie nicht widerrufen worden wäre.

3. Durch die Errichtung eines Testamentes wird ein früheres Testament insoweit aufgehoben, als das spätere Testament mit dem früheren in Widerspruch steht; wird das spätere Testament widerrufen, so ist das frühere Testament in gleicher Weise wirksam, wie wenn es nicht aufgehoben worden wäre.

II. Ueber die Geltendmachung der Nichtigkeit und Anfechtung seitens Dritter siehe w. o. Seite 14.

§ 31. Die gerichtliche Behandlung der Testamente.

I. Die Verwahrung der öffentlichen Testamente geschieht amtlich (Verwahrung A); dem Erblasser wird hierüber ein Hinterlegungsschein erteilt. Auf Verlangen des Erblassers kann auch ein ordentliches Privattestament amtlich verwahrt werden.

Beim Erbfalle hat jeder, der ein Testament des Erblassers im Besitze hat, es dem Gerichte abzuliefern (vorläufige Verwahrung B), damit es gerichtlich eröffnet wird.

II. Eröffnung eines Testamentes ist der richterliche Akt, durch den der Inhalt einer letztwilligen Verfügung verkündet wird. Geschlossene Testamente werden zu diesem Zwecke geöffnet; das offene Testament wird, auch wenn Erben oder andere Interessenten nicht erschienen sind, (ebenso wie das geöffnete) verlesen; vgl. auch S 274.

1. Interessenten sind tunlichst zu laden; die Eröffnung geschieht in einem Termine, der vom Nachlaßgerichte bestimmt wird, sobald es vom Tode des Erblassers (z. B. durch die Polizeibehörde oder das Erbschaftssteueramt) erfährt.

2. Eine Anordnung des Erblassers, durch die er die alsbaldige Eröffnung des Testamentes verbietet, ist nichtig.

§ 32. Gemeinschaftliches Testament ist die von zwei Personen (nach B: nur von Ehegatten) gemeinsam errichtete letztwillige Verfügung.

I. Die Errichtung geschieht:

1. als ordentliches öffentliches Testament;

2. als Dorftestament, auch wenn die Voraussetzung nur bei einem Ehegatten vorliegt;

3. als holographisches Testament, wobei es genügt, daß einer der Ehegatten das Testament in der vorgeschriebenen Form (w. o. Seite 18)

errichtet und der andere Ehegatte die Erklärung beifügt, daß das Testament auch als sein Testament gelten solle; auch diese Erklärung muß unter Angabe des Ortes und Tages eigenhändig geschrieben und unterschrieben werden.

II. Korrespektives Testament ist ein gemeinschaftliches Testament, in dem die Ehegatten Erbeinsetzungen, Vermächtnisse oder Auflagen anordnen, von denen anzunehmen ist, daß die Verfügung des einen nicht ohne die Verfügung des anderen getroffen sein würde.

1. Die Nichtigkeit oder der Widerruf der einen Verfügung hat die Unwirksamkeit der anderen zur Folge.

Ein solches Verhältnis der Verfügungen zueinander ist im Zweifel anzunehmen, wenn sich die Ehegatten gegenseitig bedenken, oder wenn dem einen Ehegatten von dem anderen eine Zuwendung gemacht und für den Fall des Überlebens des Bedachten eine Verfügung zugunsten einer Person getroffen wird, die mit dem anderen Ehegatten verwandt ist oder ihm sonst nahe steht.

2. Der Widerruf einer korrespektiven Verfügung erfolgt bei Lebzeiten der Ehegatten nach den für den Rücktritt von einem Erbvertrage geltenden Vorschriften; durch eine neue Verfügung von Todes wegen kann ein Ehegatte bei Lebzeiten des anderen seine Verfügung nicht einseitig aufheben.

Das Recht zum Widerruf erlischt mit dem Tode des anderen Ehegatten; der Überlebende kann jedoch seine Verfügung aufheben, wenn er das ihm Zugewendete ausschlägt.

III. Auslegungsregel: Haben die Ehegatten in einem gemeinschaftlichen Testamente, durch das sie sich gegenseitig als Erben einsetzen, bestimmt, daß nach dem Tode des Überlebenden der beiderseitige Nachlaß an einen Dritten fallen soll, so ist im Zweifel anzunehmen, daß der Dritte für den gesamten Nachlaß als Erbe des zuletzt versterbenden Ehegatten eingesetzt ist. Haben die Ehegatten in einem solchen Testament ein Vermächtnis angeordnet, das nach dem Tode des Überlebenden erfüllt werden soll, so ist im Zweifel anzunehmen, daß das Vermächtnis dem Bedachten erst mit dem Tode des Überlebenden zufallen soll.

IV. Unwirksamkeit eines gemeinschaftlichen Testaments tritt ein:

1. wenn die Ehe nichtig ist;

2. wenn sie vor dem Tode des Erblassers aufgelöst worden ist;

3. wenn der Erblasser zur Zeit seines Todes auf Scheidung wegen Verschuldens des anderen Ehegatten zu klagen berechtigt war und die Klage auf Scheidung oder auf Aufhebung der ehelichen Gemeinschaft erhoben hatte.

V. Die Zurücknahme kann nur von beiden Ehegatten gemeinschaftlich erfolgen.

VI. Bei der Eröffnung eines gemeinschaftlichen Testamentes sind die Verfügungen des überlebenden Ehegatten, soweit sie sich sondern lassen, weder zu verkünden noch sonst zur Kenntnis der Beteiligten zu bringen.

Von den Verfügungen des verstorbenen Ehegatten ist eine beglaubigte Abschrift anzufertigen.

Das Testament ist wieder zu verschliessen und die besondere amtliche Verwahrung zurückzubringen.

§ 33. **Erbvertrag** ist ein Vertrag, durch welchen Erbrechte begründet werden.

Erbvertrag ist ein Vertrag über das Erbrecht; Kontrahenten sind: der Erblasser und eine andere Person, welche ebenfalls Erblasser oder Erbe oder ein Dritter sein kann.

Erbschaftsvertrag ist ein Vertrag über eine noch nicht angefallene Erbschaft; Kontrahenten (in dem einzig erlaubten Falle) sind die gesetzlichen Erben. — Erbschaftskauf ist ein Vertrag über eine bereits angefallene Erbschaft; Kontrahenten sind: der Erbe und der Käufer.

I. Nach B ist der Erbvertrag der dritte Berufungsgrund; in dem Erbvertrage liegt jedoch noch nicht eine Erbschaftsannahme; diese ist vielmehr erst nach dem Erbfalle möglich. — Es sind folgende Arten möglich:

1. einseitiger Erbvertrag ist ein Vertrag, durch den ein Erblasser den anderen Kontrahenten einsetzt;

2. gemeinschaftlicher Erbvertrag ist ein Vertrag, der zwei einseitige Erbverträge (rein äußerlich miteinander verbunden) enthält;

3. gegenseitiger Erbvertrag ist ein Vertrag, bei dem jeder Kontrahent den anderen zu seinem Erben einsetzt; die eine Einsetzung ist von der anderen abhängig und mithin ohne Wirkung, wenn die andere nichtig ist;

4. Erbvertrag zugunsten Dritter ist entweder ein restitutiver Erbvertrag, bei dem der Vertragserbe die Erbschaft einem Dritten herauszugeben hat, oder aber: der Dritte wird durch das dem Kontrahenten abgegebene Versprechen eingesetzt.

II. Der Abschluß erfolgt nur persönlich. Grundsätzlich ist die Geschäftsfähigkeit der Kontrahenten zu fordern, aber bei Erbverträgen zwischen Ehegatten oder zwischen Verlobten kann ein Erbvertrag auch durch den beschränkt Geschäftsfähigen (im Falle einer Vormundschaft: mit Genehmigung des Vormundschaftsgerichtes) abgeschlossen werden.

1. Derjenige Kontrahent, welcher nicht Testator ist, kann sich vertreten lassen; sonst ist gleichzeitige Anwesenheit beider Teile und Abschluß vor Gericht oder Notar wie beim öffentlichen Testamente (also nebst Gerichtsschreiber bzw. Zeugen) erforderlich.

2. Ein Erbvertrag, der mit dem Ehevertrage verbunden wird, kann ohne persönlichen Abschluß begründet werden; in diesem Falle genügt die Form des Ehevertrages (nur Richter oder nur Notar).

3. Inhalt des Erbvertrages: vertragsmäßig können nur Erbeinsetzungen, Vermächtnisse und Auflagen festgesetzt werden.

III. Wirkung und Rechtsbeständigkeit des Erbvertrages.

1. Durch den Erbvertrag wird das Recht des Erblassers, über sein Vermögen durch Rechtsgeschäft unter Lebenden zu verfügen, nicht beschränkt.

a) Hat der Erblasser in der Absicht, den Vertragserben zu beeinträchtigen, eine Schenkung gemacht, so kann der Vertragserbe, nachdem ihm die Erbschaft zugefallen ist, von dem Beschenkten die Herausgabe des Geschenkes nach den Vorschriften über die Herausgabe einer ungerechtfertigten Bereicherung fordern. Der Anspruch verjährt in drei Jahren von dem Anfalle der Erbschaft an.

b) Hat der Erblasser den Gegenstand eines vertragsmäßig angeordneten Vermächtnisses in der Absicht, den Bedachten zu beeinträchtigen, zerstört, beiseite geschafft oder beschädigt, so tritt, soweit der Erbe dadurch außerstandgesetzt ist, die Leistung zu bewirken, an die Stelle des Gegenstandes der Wert.

c) Hat der Erblasser den Gegenstand in der Absicht, den Bedachten zu beeinträchtigen, veräußert oder belastet, so ist der Erbe verpflichtet, dem Bedachten den Gegenstand zu verschaffen oder die Belastung zu beseitigen; ist die Veräußerung oder die Belastung schenkweise erfolgt, so steht dem Bedachten, soweit er Ersatz nicht von dem Erben erlangen kann, der unter a bezeichnete Anspruch gegen den Beschenkten zu.

2. Eine Aufhebung des Erbvertrages kann durch einen Vertrag der Personen, die den Erbvertrag geschlossen haben, erfolgen; nach dem Tode einer dieser Personen kann die Aufhebung nicht mehr erfolgen.

Die Aufhebung erfolgt in derselben Form; für die Aufhebung von Vermächtnissen oder Auflagen genügt ein Testament unter Zustimmung des anderen Kontrahenten. Der Widerruf seitens Ehegatten erfolgt durch ein gemeinschaftliches Testament.

3. Der Rücktritt ist statthaft, wenn ein entsprechender Vorbehalt gemacht ist, oder wenn der Bedachte sich so vergangen hat, daß ein Grund zur Pflichtteilsentziehung vorliegt.

4. Nichtigkeit tritt bei Formmangel, Geschäftsunfähigkeit usw. ein, insbesondere noch, wenn der Bedachte den Erbfall nicht erlebt hat.

5. Anfechtung tritt bei Irrtum, Drohung, Täuschung, Pflichtteilsverletzung ein. Berechtigt zur Anfechtung ist der Erblasser binnen einem Jahre seit der Kenntnis.

IV. Die Eröffnung des Erbvertrages erfolgt durch das Gericht.

V. Donatio mortis causa: ein Schenkungsversprechen, das unter der Bedingung erteilt wird, daß der Beschenkte den Schenker überlebt, ist wie eine Verfügung von Todes wegen zu behandeln; ebenso ein schenkweise unter dieser Bedingung erteiltes Schuldversprechen oder Schuldanerkenntnis

Vollzieht der Schenker die Schenkung durch Leistung des zugewendeten Gegenstandes, so finden die Vorschriften über Schenkungen unter Lebenden Anwendung.

VI. Ein Vertrag, durch den sich jemand verpflichtet, eine Verfügung von Todes wegen zu errichten oder nicht zu errichten, aufzuheben oder nicht aufzuheben, ist nichtig.

6. Kapitel.

Der Pflichtteil.

§ 34. **Der Pflichtteilsanspruch** steht zu: den Abkömmlingen (also Kindern, Enkeln usw.); den Eltern (nur Vater oder Mutter), Ehegatten; B 2303—2338.

Der entferntere wird durch seinen parens ausgeschlossen, B 2309.

Der Pflichtteilsanspruch ist nicht ein Erbanspruch, sondern ein Geldanspruch auf die Hälfte des Wertes des gesetzlichen Erbteiles.

1. Eine Erbeseinsetzung liegt im Zweifel nicht vor, wenn der Pflichtteil zugewendet wird.

2. Der Pflichtteil darf nicht beschränkt oder beschwert sein, damit die Hälfte des gesetzlichen Erbteiles immer von Lasten frei ist: es gilt die cautela Socini, Band 18 73.

3. Verjährung in drei Jahren seit Kenntnis vom Erbfalle und der den Pflichtteilsberechtigten beeinträchtigenden Verfügung; allgemeine Ausschlußfrist: dreißig Jahre.

4. Kein Pflichtteil, wenn vorher ein Erbverzicht erfolgt ist; siehe w. u. Seite 28.

§ 35. **Die Enterbung** (Entziehung des Pflichtteiles) kann nur aus den im Gesetze bezeichneten Gründen erfolgen.

I. Der Erblasser kann einem Abkömmlinge den Pflichtteil entziehen:

1. wenn der Abkömmling dem Erblasser, dessen Ehegatten oder einem anderen Abkömmlinge des Erblassers nach dem Leben trachtet;

2. wenn der Abkömmling sich einer vorsätzlichen körperlichen Mißhandlung des Erblassers oder des Ehegatten des Erblassers schuldig macht, im Falle der Mißhandlung des Ehegatten jedoch nur, wenn der Abkömmling von diesem abstammt;

3. wenn der Abkömmling sich eines Verbrechens oder eines schweren vorsätzlichen Vergehens gegen den Erblasser oder dessen Ehegatten schuldig macht;

4. wenn der Abkömmling die ihm dem Erblasser gegenüber gesetzlich obliegende Unterhaltspflicht böswillig verletzt;

5. wenn der Abkömmling einen ehrlosen oder unsittlichen Lebenswandel wider den Willen des Erblassers führt.

II. Der Erblasser kann dem Vater oder der Mutter den Pflichtteil entziehen, wenn sie einer der unter I Nr. 1, 3, 4 bezeichneten Verfehlungen sich schuldig machen.

III. Der Erblasser kann dem Ehegatten den Pflichtteil entziehen, wenn der Ehegatte sich einer Verfehlung schuldig macht, auf Grund deren der Erblasser auf Scheidung zu klagen berechtigt ist.

Das Recht zur Entziehung erlischt nicht durch den Ablauf der für die Geltendmachung des Scheidungsgrundes bestimmten Frist.

IV. Die Entziehung des Pflichtteiles erfolgt durch letztwillige Verfügung. Der Grund der Entziehung muß zur Zeit der Errichtung bestehen und in der Verfügung angegeben werden. Der Beweis des Grundes liegt demjenigen ob, welcher die Entziehung geltend macht.

Im Falle der Enterbung wegen unsittlichen Lebenswandels ist die Entziehung unwirksam, wenn sich der Abkömmling zur Zeit des Erbfalles von dem ehrlosen oder unsittlichen Lebenswandel dauernd abgewendet hat.

1. Das Recht zur Entziehung des Pflichtteiles erlischt durch Verzeihung. Eine Verfügung, durch die der Erblasser die Entziehung angeordnet hat, wird durch die Verzeihung unwirksam.

2. Exheredatio bona mente: hat sich ein Abkömmling in solchem Maße der Verschwendung ergeben, oder ist er in solchem Maße überschuldet, daß sein späterer Erwerb erheblich gefährdet wird, so kann der Erblasser das Pflichtteilsrecht des Abkömmlinges durch die Anordnung beschränken, daß nach dem Tode des Abkömmlinges dessen gesetzliche Erben das ihm Hinterlassene oder den ihm gebührenden Pflichtteil als Nacherben oder als Nachvermächtnisnehmer nach dem Verhältnisse ihrer gesetzlichen Erbteile erhalten sollen.

Der Erblasser kann auch für die Lebenszeit des Abkömmlinges die Verwaltung einem Testamentsvollstrecker übertragen; der Abkömmling hat in einem solchen Falle Anspruch auf den jährlichen Reinertrag.

Die Anordnungen sind unwirksam, wenn zur Zeit des Erbfalles der Abkömmling sich dauernd von dem verschwenderischen Leben abgewendet hat oder die den Grund der Anordnung bildende Überschuldung nicht mehr besteht

7. Kapitel.

Die Einbüßung der Erbenqualität.

§ 36. Erbunwürdigkeit ist eine rechtliche Qualifikation desjenigen, welcher bereits Erbe geworden ist, und durch welche ihm die angefallene Erbschaft entzogen wird, B 2339—2345.

Gegensätze:

1. Enterbungsgründe können (nur vom Erblasser) zur Entziehung des Pflichtteiles verwendet werden.

2. Erbunwürdigkeitsgründe führen zur Entziehung einer angefallenen Erbschaft.

3. Erbunfähigkeitsgründe (Inkapazität) gestatten überhaupt keinen letztwilligen Erwerb (nur bei den Römern).

I. Fälle der Erbunwürdigkeit:

1. wer den Erblasser vorsätzlich und widerrechtlich getötet oder zu töten versucht oder in einen Zustand versetzt hat, infolgedessen der Erblasser bis zu seinem Tode unfähig war, eine Verfügung von Todes wegen zu errichten oder aufzuheben;

2. wer den Erblasser vorsätzlich und widerrechtlich verhindert hat, eine Verfügung von Todes wegen zu errichten oder aufzuheben;

3. wer den Erblasser durch arglistige Täuschung oder widerrechtlich

durch Drohung bestimmt hat, eine Verfügung von Todes wegen zu errichten oder aufzuheben;

4. wer sich in Ansehung einer Verfügung des Erblassers von Todes wegen einer strafbaren Urkundenfälschung schuldig gemacht hat.

Die Erbunwürdigkeit tritt in den beiden letzten Fällen nicht ein, wenn vor dem Eintritte des Erbfalles die Verfügung, zu deren Errichtung der Erblasser bestimmt, oder in Ansehung deren die strafbare Handlung begangen worden ist, unwirksam geworden ist, oder die Verfügung, zu deren Aufhebung er bestimmt worden ist, unwirksam geworden sein würde.

II. Geltendmachung der Erbunwürdigkeit erfolgt durch Anfechtung des Erbschaftserwerbes im Wege der Anfechtungsklage; der Klageantrag geht dahin, den Erben für erbunwürdig zu erklären (Gestaltungsklage).

1. Die Anfechtung ist erst nach dem Anfalle der Erbschaft zulässig. Einem Nacherben gegenüber kann die Anfechtung erfolgen, sobald die Erbschaft dem Vorerben angefallen ist.

Die Anfechtung kann nur innerhalb eines Jahres seit der Kenntnis vom Anfechtungsgrunde erfolgen. Ausschlussfrist: 30 Jahre.

2. Anfechtungsberechtigt ist jeder, dem der Wegfall des Erbunwürdigen, sei es auch nur bei dem Wegfalle eines anderen, zustatten kommt.

Die Anfechtung ist ausgeschlossen, wenn der Erblasser dem Erbunwürdigen verziehen hat.

3. Wirkung: ist ein Erbe für erbunwürdig erklärt, so gilt der Anfall an ihn als nicht erfolgt. — Die Erbschaft fällt demjenigen zu, welcher berufen sein würde, wenn der Erbunwürdige zur Zeit des Erbfalles nicht gelebt hätte; der Anfall gilt als mit dem Eintritte des Erbfalles erfolgt.

§ 37. Erbverzicht ist ein gerichtlich oder notariell beurkundeter Vertrag, durch den Verwandte oder der Ehegatte des Erblassers auf ihr gesetzliches Erbteil (oder nur auf den Pflichtteil) verzichten, B 2346.

Der Erbverzicht ist ein Vertrag vor dem Erbfalle; — die Ausschlagung geschieht einseitig nach dem Erbfalle.

I. Abschluß des Erbverzichtvertrages:

1. Steht der Verzichtende unter Vormundschaft, so ist die Genehmigung des Vormundschaftsgerichtes erforderlich; steht er unter elterlicher Gewalt, so gilt das Gleiche, sofern nicht der Vertrag unter Ehegatten oder unter Verlobten geschlossen wird.

2. Der Erblasser kann den Vertrag nur persönlich schließen; ist er in der Geschäftsfähigkeit beschränkt, so bedarf er nicht der Zustimmung seines gesetzlichen Vertreters. Ist der Erblasser geschäftsunfähig, so kann der Vertrag durch den gesetzlichen Vertreter geschlossen werden; die Genehmigung des Vormundschaftsgerichtes ist erforderlich.

II. Wirkungen des Erbverzichtes:

1. Verzichtet ein Abkömmling oder ein Seitenverwandter des Erblassers auf das gesetzliche Erbrecht, so erstreckt sich die Wirkung des Verzichtes auf seine Abkömmlinge, sofern nicht ein anderes bestimmt wird.

2. Verzichtet jemand zugunsten eines anderen auf das gesetzliche Erbrecht, so ist im Zweifel anzunehmen, daß der Verzicht nur für den Fall gelten soll, daß der andere Erbe wird.

3. Verzichtet ein Abkömmling des Erblassers auf das gesetzliche Erbrecht, so ist im Zweifel anzunehmen, daß der Verzicht nur zugunsten der anderen Abkömmlinge und des Ehegatten des Erblassers gelten soll.

8. Kapitel.

Die Veräußerung der Erbschaft.

§ 38. **Der Erbschaftskauf** ist ein gerichtlich oder notariell beurkundeter Vertrag, durch welchen der Erbe die ihm angefallene Erbschaft verkauft, B 2371.

Gegensatz zum Erbvertrag siehe w. o. Seite 24.

I. Der Erbschaftsverkauf ist nur einer der möglichen Veräußerungsfälle.

1. Die Vorschriften über den Erbschaftskauf finden entsprechende Anwendung auf den Kauf einer von dem Verkäufer durch Vertrag erworbenen Erbschaft sowie auf andere Verträge, die auf die Veräußerung einer dem Veräußerer angefallenen oder anderweit von ihm erworbenen Erbschaft gerichtet sind, B 2385.

2. Im Falle einer Schenkung ist der Schenker nicht verpflichtet, für die vor der Schenkung verbrauchten oder unentgeltlich veräußerten Erbschaftsgegenstände oder für eine vor der Schenkung unentgeltlich vorgenommene Belastung dieser Gegenstände Ersatz zu leisten. Die Verpflichtung zur Gewährleistung wegen eines Mangels im Rechte trifft den Schenker nicht; hat der Schenker den Mangel arglistig verschwiegen, so ist er verpflichtet, dem Beschenkten den daraus entstehenden Schaden zu ersetzen.

II. Der Verkäufer ist verpflichtet, dem Käufer die zur Zeit des Verkaufes vorhandenen Erbschaftsgegenstände mit Einschluß dessen herauszugeben, was er vor dem Verkaufe auf Grund eines zur Erbschaft gehörenden Rechtes oder als Ersatz für die Zerstörung, Beschädigung oder Entziehung eines Erbschaftsgegenstandes oder durch ein Rechtsgeschäft erlangt hat, das sich auf die Erbschaft bezog.

1. Hat der Verkäufer vor dem Verkaufe einen Erbschaftsgegenstand verbraucht, unentgeltlich veräußert oder unentgeltlich belastet, so ist er verpflichtet, dem Käufer den Wert des verbrauchten oder veräußerten Gegenstandes (im Falle der Belastung: die Wertminderung) zu ersetzen.

Die Ersatzpflicht tritt nicht ein, wenn der Käufer den Verbrauch oder die unentgeltliche Verfügung bei dem Abschlusse des Kaufes kennt.

Im übrigen kann der Käufer wegen Verschlechterung, Unterganges oder einer aus einem anderen Grunde eingetretenen Unmöglichkeit der Herausgabe eines Erbschaftsgegenstandes nicht Ersatz verlangen.

2. Die Verpflichtung des Verkäufers zur Gewährleistung wegen eines Mangels im Rechte beschränkt sich auf die Haftung dafür:

a) daß ihm das Erbrecht zusteht;

b) daß es nicht durch das Recht eines Nacherben oder durch die Ernennung eines Testamentsvollstreckers beschränkt ist;

c) daß nicht Vermächtnisse, Auflagen, Pflichtteilslasten, Ausgleichungspflichten oder Teilungsanordnungen bestehen;

d) daß nicht unbeschränkte Haftung gegenüber den Nachlaßgläubigern oder einzelnen von ihnen eingetreten ist. — Fehler einer zur Erbschaft gehörenden Sache hat der Verkäufer nicht zu vertreten.

III. Die infolge des Erbfalles durch Vereinigung von Recht und Verbindlichkeit oder von Recht und Belastung erloschenen Rechtsverhältnisse gelten im Verhältnisse zwischen dem Käufer und dem Verkäufer als nicht erloschen; erforderlichenfalles ist ein solches Rechtsverhältnis wiederherzustellen.

IV. Begrenzung des Umfanges der verkauften Erbschaft:

1. Die Vorteile, die sich aus dem Wegfalle eines Vermächtnisses oder einer Auflage oder aus der Ausgleichungspflicht eines Miterben ergeben, gebühren dem Käufer.

2. Ein Erbteil, der dem Verkäufer nach dem Abschlusse des Kaufes durch Nacherbfolge oder infolge des Wegfalles eines Miterben anfällt, ferner ein dem Verkäufer zugewendetes Vorausvermächtnis ist im Zweifel nicht als mitverkauft anzusehen; ebensowenig die Familienpapiere und Familienbilder.

V. Pflichten des Käufers: er ist dem Verkäufer gegenüber verpflichtet, die Nachlaßverbindlichkeiten zu erfüllen, soweit nicht der Verkäufer ihm dafür haftet, daß sie nicht bestehen; hat der Verkäufer vor dem Verkaufe eine Nachlaßverbindlichkeit erfüllt, so kann er von dem Käufer Ersatz verlangen.

VI. Dem Verkäufer verbleiben die auf die Zeit vor dem Verkaufe fallenden Nutzungen; er trägt für diese Zeit die Lasten, mit Einschluß der Zinsen der Nachlaßverbindlichkeiten. Den Käufer treffen jedoch die von der Erbschaft zu entrichtenden Abgaben sowie die außerordentlichen Lasten, die als auf den Stammwert der Erbschaftsgegenstände gelegt anzusehen sind.

VII. Der Käufer trägt von dem Abschlusse (wie im römRe) des Kaufes an die Gefahr des zufälligen Unterganges und einer zufälligen Verschlechterung der Erbschaftsgegenstände; von diesem Zeitpunkte an gebühren ihm die Nutzungen, und er trägt die Lasten.

VIII. Ansprüche wegen der Verwendungen: der Käufer hat dem Verkäufer die notwendigen Verwendungen zu ersetzen, die der Verkäufer vor dem Verkaufe auf die Erbschaft gemacht hat; für andere vor dem Verkaufe gemachte Aufwendungen hat der Käufer insoweit Ersatz zu leisten, als durch sie der Wert der Erbschaft zur Zeit des Verkaufes erhöht ist.

§ 39. Die Haftung gegenüber den Nachlaßgläubigern. Der Käufer haftet von dem Abschlusse des Kaufes an unbeschadet der Fortdauer der Haftung des Verkäufers. Dies gilt auch von den Verbindlichkeiten, zu deren Erfüllung der Käufer dem Verkäufer gegenüber nicht verpflichtet ist. Die Haftung des Käufers den Gläubigern gegenüber kann nicht durch Vereinbarung zwischen dem Käufer und dem Verkäufer ausgeschlossen oder beschränkt werden.

1. Für die Haftung des Käufers gelten die Vorschriften über die Beschränkung der Haftung des Erben. Er haftet unbeschränkt, soweit der Verkäufer zur Zeit des Verkaufes unbeschränkt haftet. Beschränkt sich die Haftung des Käufers auf die Erbschaft, so gelten seine Ansprüche aus dem Kaufe als zur Erbschaft gehörend.

2. Die Errichtung des Inventars durch den Verkäufer oder den Käufer kommt auch dem anderen Teile zustatten, es sei denn, daß dieser unbeschränkt haftet.

3. Der Verkäufer ist den Nachlaßgläubigern gegenüber verpflichtet, den Verkauf der Erbschaft und den Namen des Käufers unverzüglich dem Nachlaßgerichte anzuzeigen. Die Anzeige des Verkäufers wird durch die Anzeige des Käufers ersetzt. Das Nachlaßgericht hat die Einsicht der Anzeige jedem zu gestatten, der ein rechtliches Interesse glaubhaft macht.

Druck von A. W. Hayn's Erben, Potsdam.

FSC
www.fsc.org
MIX
Papier | Fördert
gute Waldnutzung
FSC® C083411

Kolibri 360 GmbH
Ferdinand-Jühlke-Straße 7
99095 Erfurt, Deutschland
produktsicherheit@kolibri360.de